CHANOINE ULYSSE CHEVALIER

LE SAINT SUAIRE DE TURIN

ÉDITIONS DE L'ART ET L'AUTEL
1, RUE CHRISTINE. — PARIS, VI

LE SAINT SUAIRE DE TURIN

HISTOIRE D'UNE RELIQUE

Simple représentation du Christ dans son linceul au milieu du quatorzième siècle, relique insigne et réputée authentique à la fin du quinzième, le Suaire de Turin a joui en paix, depuis lors, de sa renommée et attiré périodiquement les foules pieuses. En 1898, à l'occasion d'une exposition d'art sacré organisée dans l'ancienne capitale du Piémont, il se fit une nouvelle ostension de la relique, et le roi d'Italie autorisa, après quelques hésitations, un amateur, M. Secondo Pia, à la photographier. A l'encontre du fait normal ordinaire, l'impression du linge fit l'office de négatif et donna directement une image positive. On parla bien vite de miracle. Les gens sérieux cherchèrent au phénomène une explication naturelle, qui justifiât en même temps le renom du Suaire d'avoir servi à l'ensevelissement du Christ. Je quittai Turin le jour même (28 mai) où la photographie avait réussi, et l'événement faisait déjà grand bruit. A peu de jours de là, un mot lâché au cours d'une conversation par un de mes amis me reporta à deux articles de l'abbé LALORE sur l'histoire « de l'image du Saint Suaire de Jésus-Christ, primitivement à Lirey (Aube) et maintenant à Turin », publiés en 1878 dans la *Revue catholique du diocèse de Troyes* : c'était une pierre d'attente, qui pouvait devenir un édifice respectable. Faute de renseignements plus explicites et plus complets, je me bornai d'abord à réimprimer ce court « historique », mais en publiant le texte du document principal et corroborant son authenticité. Le pro-vicaire général de Turin, Mgr COLOMIATTI, soumit cette petite brochure de 31 pages à une dissection canonico-théologique dans la *Revue des sciences*

ecclésiastiques : il me fut facile de montrer, dans le même
périodique, l'inanité des chicanes soulevées. M. A. Loth,
rédacteur à *la Vérité française*, reprit la question photo-
graphique ; il croyait, en outre, pouvoir échapper aux faits
historiques mis en lumière. Je repris la plume pour faire,
à l'aide de documents originaux, découverts à la Biblio-
thèque nationale et aux archives de l'Aube, toute l'histoire de la fameuse relique. Il suffira de me résumer, en
ajoutant plusieurs faits.

Pour procéder avec méthode, il y avait lieu de recher-
cher d'abord les anciens textes relatifs à des suaires qui
ont une attache avec la Palestine ou Constantinople, puis
de faire l'histoire de celui de Lirey à l'aide des documents
et des chroniqueurs contemporains ; après avoir établi que,
dès son origine, par prescriptions des évêques et des papes,
il fut montré aux fidèles comme une simple peinture, on
pourra suivre la faveur progressive du culte qui lui fut
rendu.

L'étude des conditions spéciales dans lesquelles se fit
l'ensevelissement du Christ, d'après les Évangiles cano-
niques et autres, devrait servir de préambule à ces recherches : il y aura lieu d'en faire l'objet d'un article séparé.
S'il est établi que le corps de Jésus fut lavé et serré par
des bandelettes, la thèse de M. Vignon, présentée récem-
ment à l'Académie des sciences, sera ruinée par la base.

Constatons tout d'abord ce fait, que personne n'a cher-
ché à élucider et sur lequel les partisans de l'authenticité
du Suaire de Turin font volontiers le silence : le Nouveau
Testament et la Patrologie tout entière sont muets sur une
empreinte que le Christ mort aurait laissée sur le linceul
dans lequel il fut enseveli. Il y a mieux encore que cet
argument négatif, qui tire cependant une force invincible
de son universalité. Au chapitre II (consacré à l'apôtre
saint Jacques) de son livre *De viris inlustribus*, saint Jérôme
cite cette phrase de l'Évangile aux Hébreux, traduit par
lui de l'araméen : *Dominus autem, cum dedisset sindonem
servo sacerdotis, ivit ad Jacobum et apparuit ei* (édit.

RICHARDSON, p. 8). La portée de ce texte pour notre question est indépendante de l'exactitude du fait de la donation par le Seigneur de son suaire à l'esclave du (grand?) prêtre. Il en ressort que l'existence d'un suaire à figure était inconnue à la fin du deuxième siècle, époque de la composition de cet Évangile, et en 392, date du *De viris inlustribus*. Saint Jérôme, que l'Église a toujours considéré comme le plus grand interprète des Ecritures, ne pouvait ignorer un fait de cette importance et il avait l'occasion de le signaler. S'il l'a tu, nous avons le droit de le tenir pour controuvé.

Du dernier tiers du septième siècle à l'année 1451, j'ai retrouvé au plus quatorze textes, qui concernent les uns le suaire de la tête, les autres le linceul ou les linges. La poursuite de ces reliques dans leurs pérégrinations et leur identification actuelle ne sont point chose aisée. Le comte Riant croyait pouvoir « demander que l'authenticité d'une relique de premier ordre, solennellement offerte à la vénération des fidèles, soit établie par *une chaîne non interrompue* de témoignages écrits, recueillant directement l'héritage de la tradition des temps apostoliques, pour nous la transmettre sans lacune ». Il exigeait « une rigueur encore plus grande dans la *continuité* des preuves écrites... lorsqu'il s'agit... d'une relique multiple, c'est-à-dire d'un objet sacré partageant avec plusieurs autres le nom sous lequel ils sont tous également vénérés... »

Le nombre des suaires connus atteint la quarantaine : je laisse à M. de Mély le soin de donner une description de chacun d'eux et d'indiquer les autorités qui attestent son existence.

Les partisans de l'authenticité du Suaire de Turin cherchent à tirer profit des textes antérieurs au quatorzième siècle. Dans une réponse au P. Sanna Solaro j'ai montré (p. 17) le mal fondé du procédé. C'est surtout le chroniqueur Robert de Clary (1203) qu'on invoque : le monastère des Blachernes possédait un Suaire à image, qui disparut lors de la prise de Constantinople par les

croisés ; ni Grecs ni Français ne surent ce qu'il était
devenu. Les tenants du Suaire de Turin croient le savoir :
il « *dut* être remis à Garnier de Trainel, évêque de Troyes,
dispensateur suprême des reliques conquises par les croisés. L'envoya-t-il à son église avec les autres joyaux dont
la vénération contribua à la reconstruction de sa cathédrale (commencée en 1208)? non, dit le P. S. S. Voulut-il
la rapporter lui-même ou la tint-il cachée pour éviter
les justes réclamations de l'empereur Baudouin et des
autres princes? il ne sait. Avec l'évêque de Troyes se
trouvaient à Constantinople plusieurs de ses parents,
appartenant aux familles de Champlitte, de Vergy et de
Chappes : *or*, un Champlitte était apparenté à un Charny ;
donc, à la mort de l'évêque de Troyes, le Suaire passa
par un Champlitte aux Charny, puisqu'on le retrouve plus
tard dans cette famille. D'ailleurs, suivant une note
envoyée à l'auteur par le vicomte de Poli, Hugues de
Mont-Saint-Jean et Charny *a pu* se trouver à la prise de
Constantinople ».

Voilà, ajoutais-je, comment on croit avoir prouvé, par
une série d'hypothèses qu'aucun document ne justifie,
que le Suaire de Turin est venu de l'Orient et qu'il
remonte aux premiers âges de l'Église! Il y a d'ailleurs
à cette supposition gratuite « des impossibilités morales.
Comment l'évêque de Troyes, s'il a eu à sa libre disposi-
tion une relique de premier ordre, comme aurait été le
Saint Suaire, n'en a-t-il pas gratifié sa cathédrale ou un
autre sanctuaire vénéré, au lieu de l'abandonner à un
obscur seigneur champenois? Comment a-t-on fait de la
transmettre en Occident, sans munir le porteur d'une
attestation en règle de son authenticité, suivant l'usage ?
Comment surtout la relique, parvenue à destination, a-t-elle
pu demeurer ignorée pendant cent cinquante ans, sans être
l'objet d'aucun culte? Non moins précieux que la cou-
ronne d'épines, ce divin linceul aurait dû produire, à son
arrivée, ces explosions de dévotion exubérante qui accueil-
lirent en France les joyaux enlevés aux sanctuaires de

la nouvelle Rome et dont les chroniqueurs nous ont transmis l'émouvant souvenir ».

Abandonnons les temps préhistoriques du Suaire de Turin et venons aux documents positifs. Le 20 juin 1353, Geoffroy Ier de Charny, seigneur de Savoisy et de Lirey, fondait dans cette dernière localité une collégiale pour six chanoines. Le pape Innocent VI approuva le nouvel établissement, le 30 janvier 1354 ; par trois autres bulles, données le mois suivant, il le constitua d'une manière définitive et l'enrichit de droits et de privilèges. L'année même de sa mort (1356), le 23 mai, Geoffroy ajouta deux clauses à sa fondation ; le 28, l'évêque de Troyes, Henri de Poitiers, la confirma avec éloges. Enfin, le 5 juin 1357, à Avignon, douze évêques lui accordèrent une bulle d'indulgences. Dans ces huit documents primordiaux il n'est *pas question* de la relique insigne qui devait bientôt valoir à la jeune collégiale une certaine célébrité : elle n'a donc pas été érigée pour recevoir le Suaire. Cependant cette image semble bien lui avoir été donnée par Geoffroy. D'où venait-elle ? On a deux versions discordantes provenant des héritiers. Au dire de Geoffroy II, son père l'avait reçue en cadeau ; Marguerite, sa fille, affirma par contre que son grand-père en avait fait la conquête. Ces données contradictoires et vagues montrent que les premiers possesseurs (non légendaires) étaient loin d'être fixés sur l'origine de la relique ou qu'ils voulaient dissimuler sa fabrication récente.

L'ostension du Suaire attira bientôt de partout les foules et les aumônes. L'évêque de Troyes, dont on avait oublié de demander l'autorisation, tint conseil à ce sujet : des théologiens lui firent remarquer que les évangélistes n'auraient pas manqué de mentionner l'empreinte du Sauveur sur le Suaire dans lequel il avait été enseveli, si elle s'était produite, et qu'un fait de cette importance n'aurait pu d'ailleurs rester jusqu'ici ignoré des évêques : tout ce mouvement devait être attribué à la cupidité du doyen, qui, pour accroître l'empressement des fidèles, avait fait colporter le récit de faux miracles, soi-disant obtenus par des gens soudoyés; on finit d'ailleurs par obtenir la confession du peintre qui avait artistement confectionné le Suaire. De ce fait capital il convient de donner les termes originaux : *Reperit fraudem et quomodo pannus ille artificialiter depictus fuerat, et probatum fuit etiam per artificem qui illum depinxerat.*

L'évêque n'hésita plus à interdire l'exhibition de la relique : *quandam figuram sive repræsentationem Sudarii D. N. J. C.* Elle fut enlevée du trésor de l'église et remise sans doute au donateur, qui la conserva durant des années de guerre et de peste. En 1389, Geoffroy II obtint du cardinal Pierre de Thury, envoyé comme légat à Charles VI, l'autorisation de replacer son Suaire dans l'église de Lirey et de l'y exposer de nouveau à la vénération des fidèles ; il se pourvut en outre de lettres confirmatives du roi. Le nouvel évêque de Troyes, Pierre d'Arcis, s'émut des ostensions trop solennelles de la relique; d'ailleurs l'indult, obtenu subrepticement, était nul. En plein synode, il défendit à ses prêtres de parler du Suaire de Lirey et défendit aux chanoines, sous peine d'excommunication, de le montrer. Le doyen en appela au Saint-Siège et continua les expositions.

Dans l'intervalle, Clément VII avait confirmé l'indult de son légat et imposé silence à l'évêque. Celui-ci fit révoquer par le roi, le 4 août, son autorisation antérieure. Mais les chanoines trouvèrent le moyen d'éluder l' « exécution » que voulait opérer le bailli de Troyes et interjetèrent appel au pape. L'évêque réunit alors une commission de théologiens et rédigea un mémoire explicite sur la question : le Suaire de Lirey n'est pas le vrai Suaire de Jésus-Christ, mais seulement une image ou représentation, peinte de main d'homme ; en outre, les cérémonies qui en accompagnent l'ostension exposent les âmes faibles et ignorantes au péril d'idolâtrie. Capital dans la question, ce mémoire est d'une authenticité à défier toute contradiction : j'en ai retrouvé la minute,

distraite jadis des archives de l'évêché de Troyes. Il porte
en lui-même des preuves intrinsèques de sa véracité.
L'évêque reprend la fraude des chanoines à son origine et
relate tous les incidents qui ont signalé l'ostension du
Suaire sous son prédécesseur, Henri de Poitiers. Il établit
qu'il est libre de toute passion dans cette controverse, ne
poursuivant qu'un but, sauvegarder la foi du troupeau
confié à sa charge. La présomption doit être en sa faveur :
jamais il ne lui viendrait à la pensée de s'opposer à une
dévotion discrète et bien ordonnée. Il s'étonne à bon
droit des obstacles qui, de toute part, conspirent pour
l'empêcher de remplir les fonctions de son pouvoir ordinaire, alors qu'on devrait l'encourager. Loin d'avoir
intérêt à combattre l'authenticité du Suaire, il eût été
tout fier que son diocèse possédât une relique de premier ordre. Pierre d'Arcis était d'ailleurs un personnage
considérable : évêque de Troyes depuis douze ans, il avait
été précédemment vicaire général de son frère, l'évêque
d'Auxerre, puis trésorier de l'église Saint-Étienne et
juge de la cour épiscopale de Troyes; rompu aux affaires
depuis longtemps, il était fixé sur les incidents auxquels
le culte du Suaire avait donné lieu. On a eu la naïveté de
lui reprocher de n'avoir point intercalé dans son mémoire
la preuve juridique de ses dires : c'est pousser bien loin
l'exigence vis-à-vis d'un prélat qui informe le Souverain
Pontife d'un fait rentrant dans le ressort de sa juridiction
ordinaire. On aura oublié le passage où il se fait fort
précisément de fournir la preuve de ses affirmations :
*Paratum enim me offero hic in promptu per famam
publicam et alias de omnibus supra per me prætensis
sufficienter informare...*

Ce mémoire dut parvenir à Clément VII vers la fin de
l'année 1389.

De son côté, Geoffroy avait signalé au pape les diffi-
cultés que l'évêque suscitait de la part du roi et de ses
gens. Pour mettre fin à cette contestation, qui ne pouvait
manquer de diviser les esprits dans le diocèse, Clément VII

fit expédier simultanément, le 6 janvier 1390, quatre
bulles dont j'ai donné le texte intégral en appendice. La
première, *ad perpetuam rei memoriam*, relate la plupart
des faits précédents et conclut à la légitimité de l'ostension du Suaire, mais interdit les cérémonies incriminées
par l'évêque ; de plus celui qui fera l'exposition devra
proclamer à haute et intelligible voix que cette image ou
représentation n'est pas le vrai Suaire de N.-S. J.-C., mais
seulement une peinture, un tableau qui le figure ou repré-
sente : *Ostendens dictam figuram, dum major ibidem conve-
nerit populi multitudo, publice populo prædicet et dicat alta et
intelligibili voce, omni fraude cessante, quod figura seu
repræsentatio prædicta non est veram Sudarium Domini
nostri Jesu Christi, sed quædam pictura seu tabula facta
in figuram seu repræsentationem Sudarii, quod fore
dicitur ejusdem Domini nostri Jesu Christi.*

Les autres bulles étaient adressées à l'évêque de Troyes,
à Geoffroy, sire de Lirey, aux officiaux de Langres, Autun
et Châlons-sur-Marne.

Cette série de pièces contradictoires aura déjà fixé avec
certitude le lecteur sur la nature de cette relique : c'était
une représentation par la peinture du Christ déposé dans
le suaire. Les chanoines de Lirey réclamaient la liberté
de l'exposer dans leur église, mais ne soutinrent jamais
que ce fût l'original. S'il en eût été autrement, les bulles
en auraient fait mention, car on sait l'habitude de la
chancellerie pontificale, de relater dans le préambule
tous les dires des parties. Les évêques de Troyes s'oppo-
sèrent avec persévérance à l'ostension, parce que les
cérémonies dont on l'accompagnait étaient de nature, par
leur somptuosité, à faire croire au peuple qu'il y avait
autre chose qu'une peinture. D'ailleurs, l'authenticité
qu'on n'osait proclamer officiellement, on laissait aux
zelanti le soin d'en répandre l'affirmation : or, on sait si la
masse des fidèles est crédule ; une tradition est vite
établie.

Ne pouvant nier l'authenticité de ces bulles, dont l'une

fait partie des minutes du Vatican et les autres proviennent de sources concordantes, on leur a reproché d'être sans autorité, comme émanées d'un antipape. J'ai dû faire remarquer qu'à l'époque dont il s'agit, il n'y avait pas un pape vrai et un ou plusieurs antipapes. Chacun des pontifes opposés était considéré comme le pape légitime dans son obédience, et celle de Clément VII n'était pas moins considérable que celle d'Urbain VI. Au surplus, à la fin du grand schisme, on ratifia les actes des papes des diverses obédiences.

Durant vingt-huit ans il n'est plus question du Suaire. La France est désolée par l'invasion étrangère et par la guerre civile : le parti bourguignon domine à Troyes. En 1418, les chanoines de Lirey jugèrent prudent de mettre en sûreté les joyaux de leur collégiale et les confièrent à Humbert, comte de la Roche, seigneur de Villersexel et de Lirey, gendre et successeur de Geoffroy II de Charny. Le 6 juillet, il leur délivra un reçu, où figure : « Ung drap ou quel est la figure ou représentation du Suaire Nostre Seigneur Jesucrist, lequel est en ung coffre armoyé des armes de Charny. » Ces termes sont très formels et ne permettent aucune échappatoire. Il ne s'agit pas dans cet acte de complaire à un ennemi de l'authenticité de la relique, l'évêque de Troyes ou tout autre : en des circonstances pénibles on ne cherche pas à faire de la diplomatie ; on décrit rapidement les objets comme ils sont et tels qu'on les croit. Pour le petit-fils du donateur et pour les chanoines, le Suaire de Lirey était donc bien une copie et non l'original.

Humbert resta dépositaire du trésor de Lirey jusqu'à sa mort. En 1443, sa veuve, Marguerite de Charny, fut assignée en restitution par le doyen devant le parlement de Dôle. Elle trouva divers prétextes pour se dispenser de rendre le Suaire et se fit autoriser à le conserver encore durant trois ans, sauf à payer une rente annuelle et une indemnité aux chanoines. Assignée de nouveau, en 1447, devant l'official de Besançon, elle obtint encore un délai.

Elle en profita pour colporter le Suaire en divers lieux
et bénéficier de la générosité des fidèles. En 1449, nous
la trouvons à Chimay, en Hainaut. Le chroniqueur qui
renseigne sur cet incident est le bénédictin Corneille
ZANTFLIET, contemporain et réputé très véridique. Marguerite fit exhibition d'un linceul, sur lequel était admira-
blement peinte la forme du corps de Notre-Seigneur Jésus-
Christ, avec les moindres traits des membres, les plaies du
côté, des mains et des pieds sanguinolentes comme si les
blessures étaient récentes : *Quoddam linteum, in quo egregie
miro artificio depicta fuerat forma corporis Domini nostri
Jesu Christi, cum omnibus lineamentis singulorum mem-
brorum, tamquam ex recentibus vulneribus et stigmatibus
Christi pedes et manus et latus videbantur rubore sangui-
nolento intincti.* Pour augmenter la dévotion populaire,
certains affirmaient que ce Suaire était véritablement
celui dont Nicodème et Joseph d'Arimathie avaient
enveloppé le corps du Sauveur dans le sépulcre, etc.
(*et cætera talia*). Il se faisait un concours énorme de gens
de tout sexe, accourus des provinces voisines. Le bruit
de cette exhibition arriva jusqu'aux oreilles du vénérable
évêque Jean de Heinsberg, qui occupait le siège de Liége
depuis quarante ans. Ému des sentiments opposés qui di-
visaient à ce sujet les fidèles confiés à sa charge pastorale,
il délégua deux renommés professeurs en théologie, le
cistercien Thomas, abbé d'Aulne, et maître Henri Bakel,
chanoine de sa cathédrale. Après s'être livrés à une cons-
ciencieuse enquête, ils demandèrent à Marguerite de leur
montrer les indults ou bulles qui l'autorisaient à exhiber
ainsi cette peinture (*effigiem*) ou linceul (*linteum*) et qui
confirmaient ses dires. Ainsi acculée et n'osant résister,
elle fit voir trois bulles du pape Clément VII et un indult
du cardinal légat Pierre de Luna (*sic*), qui témoignaient
expressément que ce linge n'était pas le vrai Suaire de
Jésus-Christ, mais une représentation ou figure (*dum-
taxat repræsentationem aut figuram*). Zantfliet a donné
le texte complet (sauf la finale) de l'une de ces bulles;

elle est parfaitement conforme à celles que j'ai recueillies
dans d'autres manuscrits, et certifie à la fois la parfaite
authenticité de tout le dossier et la créance que mérite
le chroniqueur. Son récit a peut-être même une plus
grande portée que le mémoire de Pierre d'Arcis. Il émane
d'un étranger, absolument désintéressé dans la rivalité
supposée entre la cathédrale de Troyes et la collégiale de
Lirey. La mention des plaies quasi saignantes ne peut
s'expliquer que par une peinture. En tout cas, cette chro-
nique et le récépissé de 1418 sont bien gênants pour les
défenseurs de l'authenticité du Suaire de Turin : le
P.Sanna Solaro, qui a pillé tous mes documents, s'est
bien gardé de les reproduire ; M. Vignon n'en souffle mot
dans son chapitre final.

Le 18 octobre de cette même année 1449, les bons chanoines consentirent, devant le prévôt de Troyes, un nouveau
sursis : ils ne devaient plus revoir leur relique. Elle avait
pris ou allait prendre le chemin de la Savoie : Marguerite en fit don, à Chambéry, au duc Louis et à sa
femme, Anne de Lusignan. Pour date, tous les tenants
de l'authenticité indiquent le 22 mars 1452 comme celle
d'un acte de donation en règle, dont j'ai fait vainement
chercher la trace à Turin et ailleurs. La mention suivante,
relevée à la fin d'un missel jadis aux Oratoriens de Cha-
lon-sur-Saône, la rend impossible: *Anno Domini MCCCCLII,
xiii mensis septembris, ad instantiam et requestam Symoneti
Denis, [castellani de Germolis], Sudarium Christi, ubi fuit
involutus in monumento, in dicto castello de Germolis ostensum
fuit coram populo* (Biblioth. de Carpentras, n° 91). Ce
Suaire, est-il besoin de le démontrer, ne peut être que
celui de Lirey. La petite localité de Germolles, située
dans l'arrondissement de Mâcon (Saône-et-Loire), dut être
une des étapes du voyage de Marguerite à Chambéry : elle
n'avait donc pas livré sa relique à la date du 13 septembre
1452. Serait-il possible de tout concilier, en reportant
l'acte du 22 mars 1452 à l'année 1453 nouveau style? non :
l'usage de prendre le commencement de l'année à Noël,

et non à Pâques ou à l'Incarnation, est universel en
Savoie à cette époque et ne souffre pas d'exceptions.
Comment les historiens ont-ils été amenés à alléguer
une date précise à la donation ? le voici probablement. Il
existe un acte, daté de Genève le 22 mars 1453 (en toutes
lettres), par lequel le duc Louis inféode à sa parente, Marguerite de « Cherny », comtesse de la Roche, le château et
mandement de Miribel, mais il n'y est nullement question du Suaire, non plus que dans une autre inféodation
à la même du château et mandement de Flumet, faite à
Chambéry le 11 avril 1455.

Bernés — qu'on me passe le mot — depuis près d'un
demi-siècle, les chanoines de Lirey perdirent patience :
ils firent excommunier, comme débiteurs de mauvaise foi
Marguerite et son secrétaire (1457). Elle mourut en 1460,
sans avoir restitué le Suaire ni payé les sommes pour lesquelles elle-même ou ses « pleiges » s'étaient engagés.
Déçus sans espoir de ce côté, les gens de la collégiale se
retournèrent vers le duc de Savoie, détenteur de leur relique. A lui non plus les promesses ne coûtèrent pas : par
acte solennel, daté de Paris le 6 février 1464, il promit
aux chanoines une rente de 50 francs d'or à toucher
sur les revenus du château Gaillard, en échange de tous
leurs droits sur le Suaire. Mais il était écrit que l'histoire
de cette relique fameuse serait une longue violation de
deux grandes vertus, la justice et la vérité. De la rente
promise les chanoines ne touchèrent jamais un sol,
malgré des réclamations réitérées, en 1473 au duc Phi-
libert le Chasseur, avant 1482 à son oncle par alliance,
le roi de France Louis XI.

Sans poursuivre l'histoire du Suaire jusqu'à nos jours,
je me bornerai à préciser le moment où il commença
à être tenu pour authentique dans des documents *officiels*.
Il fut déposé, dès l'abord (en 1453), dans l'église des
Franciscains de Chambéry. En 1466, Amédée IX faisait
construire dans la forteresse de Chambéry une somp-
tueuse chapelle, destinée, dans la pensée constante des

souverains de la Savoie, à servir de cathédrale et de
siège à un archevêché. C'est là qu'en attendant cette
création, on conserva et vénéra l'image du Suaire. Pour
commencer, le duc sollicita du Saint-Siège l'érection de
cette chapelle en collégiale. Par bulle du 21 avril 1467,
Paul II autorisa le duc Amédée et la duchesse Yolande
de France à ériger dans leur château de Chambéry une
chapelle, *quæ collegiata sit et capella ducalis nuncupetur*,
où ils se proposent de conserver de fort précieuses
reliques *(pro conservatione quarumdam pretiosissimarum
reliquiarum)*. Cette pièce, dont on a le texte complet
d'après les archives de Turin, est absolument muette à
l'égard du saint Suaire. Rien non plus de l'insigne relique
dans les bulles de Sixte IV des 15 septembre et 1ᵉʳ octobre 1472 et du 21 mai 1474, qui concernent les dignités
de la nouvelle fondation. Elle figure au premier rang dans
l'*Inventaire des reliques, meubles et ornements de l'église
de la Sainte-Chapelle du château de Chambéry*, dressé le
6 juin 1483 : *Primo quidem, sanctum Sudarium, existens
in una cassa coperta velluto cramesino, munito cum clavis
argenteis deauratis; quod quidem Sudarium est in dicta
capella sancta castri Chamberiaci.*

De nouvelles bulles des papes Sixte IV (1480), Jules II
(8 janvier et 25 avril 1506) et Léon X (7 août 1518)
enrichirent d'indulgences le pèlerinage, la confrérie,
l'office et la fête (4 mai) en l'honneur du Saint Suaire,
successivement établis dans la Sainte-Chapelle de Chambéry. La tradition d'un culte public et autorisé s'affirma
bientôt et alla en s'accentuant; celle qui prévaut actuelle-
ment ne saurait remonter plus haut : les documents résu-
més dans les pages qui précèdent le lui interdisent. Elle
ne remplit donc en aucune façon les conditions formulées
par le comte Riaut pour qu'une relique insigne de la
Passion puisse être qualifiée originale et authentique.

Plus développées, mais moins corroborées qu'elles ne le
sont ici, mes conclusions sur la modernité du Suaire de
Lirey-Chambéry-Turin obtinrent, l'année dernière, l'as-

sentiment de l'Académie des inscriptions et belles-lettres, qui, par une bienveillance excessive, récompensa d'une médaille de 1 000 francs une brochure de 120 pages, reconnaissant dans ce mémoire, au dire du président, « un modèle de saine critique et de ferme bon sens ». A moins d'un an de distance, le 25 avril dernier, M. Léopold Delisle, dont la Société de l'histoire de France vient, conjointement avec l'École des Chartes, de fêter le cinquantenaire glorieux, a entretenu de nouveau de la question du Suaire l'Académie des inscriptions. Après avoir rappelé l'opinion qu'il avait eu l'occasion d'exprimer dans le *Journal des Savants* en septembre 1900 sur la valeur de mes arguments, auxquels les Bollandistes ont donné leur adhésion, il a ajouté : « A la demande de plusieurs de mes confrères, je crois devoir déclarer que ces arguments me paraissent avoir conservé jusqu'ici leur valeur ». Je suis profondément touché de cette manifestation collective, à laquelle je n'aurais jamais osé m'attendre. Elle s'est produite à la séance qui a *suivi* celle de l'Académie des sciences, où M. Vignon a donné au public le résumé de ses théories par l'organe de M. Delage. Celui-ci a été écouté avec le respect commandé par sa qualité de membre de l'Académie et avec l'intérêt qu'inspirait le sujet traité. Mais quand M. Delage a demandé qu'une commission fût nommée pour examiner le travail de M. Vignon et pour solliciter du roi d'Italie l'autorisation de voir de près le Suaire de la cathédrale de Turin, au bureau on a refusé d'entrer dans cette voie ; on a, en outre, décidé d'inscrire seulement au compte rendu la partie de la note de M. Vignon relative à ses recherches physico-chimiques (*Journal officiel*, p. 2980).

J'avais, dès le début, offert de prendre comme arbitres dans cette question passionnante : au point de vue historique, les Bollandistes et l'Académie des inscriptions ; pour le côté scientifique, l'Académie des sciences. Les deux premiers de ces corps savants m'ont approuvé sans réserve ; le troisième a refusé d'autoriser de son nom mes

adversaires. Je ne saurais dissimuler que, grâce à une
campagne de presse habilement menée, avant même
l'apparition du livre : *Le Linceul de Jésus*, les journaux
ont, en immense majorité, pris position en faveur de la
thèse de M. Vignon, à l'encontre de ma thèse documentaire,
que la plupart ignorent. La parole est aux hommes de
science ; j'ai pleine confiance que des physiciens émérites
démontreront l'inanité d'une série d'hypothèses, dont
pas une n'a été vérifiée ni sur l'objet en question (le
Suaire de Turin) ni sur un sujet (analogue au Christ mort).
Une vérité historique, établie conformément aux règles
dé la critique, ne saurait être contredite par un fait
d'ordre scientifique : celui-ci aura été mal observé.

www.ingramcontent.com/pod-product-compliance
Lightning Source LLC
LaVergne TN
LVHW022256030726
842520LV00009B/2841